LETTRE

DE

MÉNÉNIUS AGRIPPA

AUX CAPACITÉS DE 1848

ET

AU SUFFRAGE UNIVERSEL DE 1869

AU SUJET

DE L'INCENDIE DE LA BIBLIOTHÈQUE D'ALEXANDRIE

PAR

V. DE LANGSDORFF

AVOCAT

PARIS

IMPRIMERIE L. POUPART-DAVYL

30, RUE DU BAC, 30

1869

LETTRE DE MÉNÉNIUS AGRIPPA

AUX CAPACITÉS DE 1848

ET

au Suffrage universel de 1869

AU SUJET

de l'Incendie de la Bibliothèque d'Alexandrie

———

Les historiens de l'avenir, quand nous serons à notre tour perdus dans le temps comme les peuples de la haute antiquité, auront bien du mal avec nous, tant les coups de théâtre qui se pressent dans nos annales, du jour au lendemain, les changements à vue qui vont du noir au blanc, nous rendent insaisissables, et détruisant l'unité morale — au lieu de ces développements progressifs et réguliers par lesquels les nations poursuivent une pensée commune de générations en générations — semblent livrer la France à mille peuples différents. Aussi n'est-il pas impossible que ceux d'entre eux du moins qui auront quelque logique dans l'esprit ne tombent alors à notre sujet dans les erreurs les plus étranges et ne viennent à s'imaginer que la France fut un lieu géographique où des invasions se succédèrent l'une à l'autre. « Un jour » diront-ils, « à la fin du dix-huitième siècle, une colonie de philosophes et d'érudits, sortis les uns du domaine de la spéculation pure, et les autres de la conversation de Lycurgue et de Solòn, désirant faire l'expérience de leurs théories légiférèrent *à priori* pour un peuple qui venait de perdre sa constitution. Les uns instituèrent chez lui le culte de la raison, les autres, comme il avait oublié ses noms propres, lui fournirent ceux de Brutus et de Léonidas; les premiers poursuivirent la tyrannie jusque dans le calendrier grégorien, débaptisèrent les mois de mars et d'auguste qui rappelaient les usurpations de la cour et de l'Olympe, pour leur donner la désignation des légumes qui ont le mieux mérité de la race humaine, pendant que les seconds renouvelaient pour les femmes, les mœurs et les costumes des déesses. Mais quand les sages et les érudits eurent épuisé leurs réminiscences et leurs sottises, il arriva qu'une troupe d'acteurs du cirque qui s'établit à Paris, joua les empereurs, les courtisans et les maréchaux et donna des représentations dans les premières capitales de l'Europe. Il semble que cette double occupation — littéraire et militaire — se soit renouvelée tour à tour par périodes de vingt ou trente ans, avec moins d'éclat sans doute mais avec une fortune semblable et la même contradiction dans les résultats. On ne comprend pas au premier abord la conduite des habitants autochtones et leur docilité à se prêter à des expériences aussi radicales. C'est sans doute que les nations ignorantes n'existent qu'à peine, et, ne pouvant se conduire par elles-mêmes, se soulèvent indifféremment au moindre vent de parole comme au premier roulement de tambour. »

C'est à cette explication qu'il faut nous en tenir. Une nation ne s'éprend pas tout à coup d'une constitution pour l'avoir rencontrée à l'étalage d'un libraire ; — retenue sur le sol par son propre poids elle n'entreprend pas de voyages de découvertes à travers les âges et les systèmes de l'école ; — elle ne peut, quand elle a conscience d'elle-même, c'est-à-dire quand elle existe, s'enivrer à quelques années d'intervalle de la révolte des tribuns et de l'autorité du dictateur. — Mais il peut fort bien se faire qu'elle appartienne tour à tour aux publicistes et aux soldats ; qu'elle subisse sans le savoir une double domination dont les résultats ne lui deviennent sensibles que quand ils sont établis ; que sa volonté qui n'a point changé puisqu'elle se perpétue dans une égale obéissance s'affirme tour à tour dans un sens et dans un autre, selon les résultats d'un duel qu'elle ignore et qui se passe pour ainsi dire au-dessus d'elle.

Des écrivains que l'habitude de discuter et l'ignorance des affaires disposaient à tout oser avaient conçu la réforme sociale comme l'on conçoit une œuvre d'art. Ils firent descendre la Révolution des salons dans la rue, avant qu'elle ne remontât de la rue dans les salons. Ils l'envoyèrent, armée de doctrine seulement, prêcher sur la place publique dans un noble et brillant langage les principes du monde régénéré et de la foi nouvelle. Comme une religion qui ne souffre pas de compromis veut être acceptée tout entière ou tout entière rejetée, elle préféra la ruine des colonies et sa propre ruine au sacrifice du moindre de ses principes. Cette ambition, qui est à la fois la faiblesse et l'orgueil de l'esprit littéraire, l'empêcha de vivre et de s'accommoder aux réalités. Elle agita le peuple sans l'éclairer, passa entre ciel et terre comme un météore, brillant pour les uns, sanglant pour les autres, dont la rapidité trouble le regard et ne laisse qu'un souvenir incertain. Les multitudes, éblouies dans leur nuit, se levèrent, confusément agitées par leurs longues souffrances et les espérances indéfinies dont leur vie sans horizon jusque-là s'était subitement enflammée. Elles marchèrent suivant l'appel entendu et le mouvement commencé. Un soldat détourna cet élan dans les voies de sa propre fortune et conduisit à la conquête du monde ceux qui s'étaient levés pour se conquérir eux-mêmes. Cette seconde ambition cacha la première, et l'Empire hérita des passions républicaines sans que ce jeu de la fortune fût une défection de la France. Elle porta dans les camps l'ardeur de son premier soulèvement et crut conquérir le monde aux idées que l'on venait d'exiler. Aussitôt que la tempête fut calmée, les avocats et les journalistes reprirent au point où ils l'avaient laissé l'enseignement du texte sacré. Ils le popularisèrent dans une certaine mesure, et cherchèrent, par la revendication du suffrage universel, à donner à l'instinct démocratique les moyens de se faire entendre et de s'associer à l'œuvre de progrès qu'ils dirigeaient. Cette restauration de l'esprit de 1789 eut pour conséquence immédiate d'amener une restauration de l'Empire, 1848 nous conduisit à 1852. Les prémisses du problème étaient posées sous une forme libérale. La conclusion fut autoritaire.

Il était hors de doute cependant qu'une pensée républicaine servait de préface au changement et que, s'il y avait désaccord au point d'arrivée, il y avait au point de départ une incontestable unanimité.

On peut imaginer pour résumer tout cela un dialogue de cette nature, les théoriciens disant au suffrage universel : « En souvenir « de la première révolution dont vous êtes « le continuateur comme nous..., » et le suffrage universel les interrompant pour crier : « Oui, mille fois, oui! Vous allez instituer la seconde... achevez voir... — La seconde Empire! — Mais malheureux vous faites une faute de grammaire ce n'est pas le même genre — ça n'est donc pas la même chose? — Non c'est une éducation à refaire. »

Le désappointement des gens de lettres dut être assez semblable à celui des alchimistes du moyen âge, quand à la suite de combinaisons laborieuses ils trouvaient dans leur creuset le contraire exactement de ce qu'ils y cherchaient : au lieu d'or, du charbon; un gaz délétère au lieu du principe vital; au lieu du mouvement perpétuel l'immobilité absolue. Les impatients et les orgueilleux se décourageaient ou sans s'arrêter ils passaient outre. Les sages s'accommodaient faute de mieux de cette découverte inattendue, et après avoir remercié la Providence de les enrichir, même avec quelque ironie, ils reprenaient leur travail avec une espérance tempérée de modestie. Les chimistes politiques ont été mis à une épreuve de même nature. Au lieu d'une force propre à précipiter le mouvement social, ils ont trouvé la force qui, jusqu'à présent du moins, le ralentit et l'enraye. Ils tiennent conseil aujourd'hui. « Quoi! » disent-ils « la conquête suprême du libéralisme n'a servi qu'à fortifier le principe d'autorité. Le pays tout entier s'est montré moins exigeant dans ses réclamations que le pays légal. La logique nous a fait dévier de la ligne du progrès, et le privilége d'autrefois nous conduisait plus rapidement que la justice d'aujourd'hui à cette égalité dernière et souveraine qui s'appelle la liberté et ne se résigne pas à l'abdication par cela seulement qu'elle est consentie par le plus grand nombre. »

Leurs plaintes sont unanimes, mais les remèdes qu'ils proposent sont différents, les uns — ce sont les violents — jugeant le système par ses résultats et l'arbre par ses fruits, mettent, en théorie toujours, la main à la cognée et veulent abattre le peuplier. Les autres, usant de moyens plus détournés, rêvent de rétablir plus ou moins, sur d'autres bases cependant, l'ancien pays légal, sans revenir pour cela sur les droits acquis, en donnant aux électeurs, selon une classification qui pourrait résulter, par exemple, d'une série d'examens ouverts à tous, une, deux, trois, quatre ou cinq voix selon qu'ils seraient citoyens seulement, ou bien bacheliers ès-sciences morales et politiques, licenciés ou docteurs dans la même faculté, ou bien encore membres de quelque société savante de Paris ou de la province. D'autres enfin demandent à grouper les chiffres d'une manière intelligente, pour organiser la représentation des minorités. Ils formeraient un gros total au moyen de votes aujourd'hui privés de force, séparés qu'ils sont les uns des autres par toute la distance qu'il y a du Nord au Midi, de l'Est à l'Ouest, comme on ferait un grand fleuve en réunissant dans un lit commun des filets d'eau de médiocre importance, et qui ne peuvent rien féconder dans leur isolement.

Un de nos plus jeunes publicistes, M. Duvergier de Hauranne (voir la *Revue des Deux Mondes* du 1er avril 1868), a popularisé parmi nous les doctrines de Stuart Mill, de Thomas Hare et de James Lorimer. La réforme électorale qui s'essaye en Angleterre, l'inauguration du suffrage universel en Espagne, les espérances et les craintes du libéralisme à la veille des élections générales, ont réveillé la discussion sur ces matières. Les articles de M. Hervé dans *le Journal de Paris*, et de M. de Girardin dans *la Liberté* l'ont mise à l'ordre du jour dans la presse, comme elle l'était déjà dans les préoccupations du public. Les remèdes abondent, comme on le verra, le malheur est même qu'on peut les varier, les combiner et les multiplier à l'infini, qu'il suffit pour cela d'avoir une plume, du papier et quelques heures devant soi.

Le système que nous appellerons celui de la hache et du peuplier est né d'un mouvement d'humeur bien naturel, et ne doit pas durer plus que lui. On a vingt-quatre heures au palais pour maudire ses juges. Passé ce temps les plaideurs malheureux ont mauvaise grâce à ne pas accepter leur condamnation. Il est de toute évidence en effet que si la morale nous défend d'user de violence quand nous avons la force entre

les mains, le bon sens ajoute encore à cet ordre en supprimant jusqu'à la tentation de le transgresser chez ceux dont la faiblesse matérielle est évidente. Toute la question se réduit donc à savoir si la tentative a quelque chance d'être acceptée, et le bon sens répond négativement. L'idée de donner aux votes une valeur différente selon la main qui les dépose dans l'urne, a, comme on le voit tout d'abord, un tort moral, qui est de conserver le nom du suffrage universel, et de le métamorphoser du même coup. Son habileté est cousine-germaine de l'hypocrisie. Cette seule considération suffit à l'écarter, puisqu'il n'y a pire usurpation que celle qui se déguise, et que le déguisement est aussi trop visible pour tromper quelqu'un. Reprendre le suffrage universel ou lui donner une valeur ascendante ou descendante, selon qu'il s'éloigne ou qu'il se rapproche de l'universalité des citoyens, c'est faire en fin de compte une seule et même chose, c'est détruire le principe d'égalité qui est l'âme du système et sa raison d'être. La classification des votes, si elle s'appuie sur des combinaisons de fortune ou de situation, ressuscitera les anciennes animosités ; si elle s'appuie sur des combinaisons que j'appellerai universitaires, elle fait de la France, qui y est trop disposée, une vaste école normale, peuplée de théoriciens à tous les étages de la société. Nous aurons alors un alphabet politique aussi compliqué que cet alphabet des Chinois, qui ne sert jamais parce que ses lettres sont si nombreuses, qu'il faut pour l'apprendre une vie moins un jour, et que l'on meurt la veille de celui où l'on pourrait le manier. La société à chaque instant mise au concours ne produirait, au lieu de blé, que des pédants pour les idées. D'ailleurs, plus que jamais la direction officielle serait à craindre. Qui corrigerait les copies des élèves? Ce serait, n'est-ce pas, le grand maître de l'Université? Mais lequel? celui de demain, celui d'hier ou celui d'aujourd'hui? Ne peut-il arriver que l'Église lui reproche le manque d'orthodoxie, les libéraux le manque de libéralisme, les érudits le manque d'érudition, et qu'à son tour il reproche aux jeunes gens de ne plus écrire que des premiers Paris, au lieu d'enrichir d'un sonnet, comme au vieux temps, la guirlande de Julie; d'envoyer des bouquets à nos modernes Chloris, et de présenter à messieurs de la Comédie-Française une tragédie en cinq actes et en vers? Quels mandarins seraient alors nos instituteurs, qu'on va recruter bientôt parmi les caporaux de la grande armée! Chargera-t-on les préfets

de composer ces nouvelles listes, et peut-on es-
pérer que les rédacteurs du *Journal de Paris*,
de *l'Electeur*, du *Temps*, des *Débats*, du *Français* et de *la Liberté*, que MM. Weiss, Schœrer,
Neftzer, Prévost-Paradol, A. de Broglie, Co-
chin, Picard et J. Favre, — j'en passe et des
meilleurs, — ne soient pas cotés plus bas que
les écrivains ordinaires de la presse discipli-
née? La pensée originale et spontanée qui dit
en toutes choses le premier mot, souvent le
plus juste et le dernier, disparaîtrait dans un
tel système et serait étouffée sous la pensée
officielle. Nous aurions, sauf la science, à peu
près tous les défauts que les mauvais plaisants
qui n'en sont pas, reprochent aux Académies.

Le désir de donner aux minorités leur représentation au moyen de ce même suffrage
universel, qui la leur refuse aujourd'hui, est
un de ceux qui se sont affirmés dans ces der-
niers temps avec le plus de persévérance et
d'habileté. L'invention première est venue d'Angleterre et des études de Stuart Mill, sur le gou-
vernement représentatif. Son origine d'ailleurs
n'importe pas, et nous devons essayer, si elle
est bonne, de la naturaliser parmi nous. C'est
ce qui lui arrive quelque peu. Je la trouve
traduite en français et appliquée au mode de

votation qui nous régit, dans un numéro de *la
Science sociale* du 16 novembre 1868, et dans
des articles du *Journal de Paris*, de M. Hervé,
des 19 et 21 novembre de la même année.

« Le système actuel, » dit M. F. Barrier,
« grâce surtout au pouvoir arbitraire laissé à
« l'administration pour tracer les circonscrip-
« tions électorales dans chaque département,
« fonctionne de telle manière que les minorités
« n'y sont presque jamais représentées. La jus-
« tice voudrait qu'elles le fussent dans la pro-
« portion de leur importance respective, que,
« par exemple, dans un département qui au-
« rait 100,000 électeurs inscrits pour nommer
« 5 députés, l'opinion A, partagée par 60,000
« électeurs, fût représentée par 3 députés, et
« que l'opinion B des autres 40,000 électeurs
« eût 2 mandataires. Si, au lieu de ce résultat,
« la majorité peut seule être représentée par la
« nomination de 5 députés, la minorité est
« complétement annulée faute de représentant.
« Dans ce cas le nombre des votes perdus est
« énorme, et, dans d'autres cas, il est encore
« augmenté par l'excédant de voix de la majo-
« rité... Il ne serait pas impossible de voir, sur
« huit millions d'électeurs, une majorité de
« quatre millions et demi d'électeurs nommer

« la totalité du Corps législatif, pendant que
« trois millions et demi n'y enverraient pas un
« seul membre au nom d'une minorité presque
« égale à la majorité. Ainsi, » continue toujours
M. F. Barrier, « les élections de 1863 sont loin
« d'avoir donné à l'opposition un nombre d'élus
« proportionnel à celui des votes émis par le
« parti libéral. Au lieu d'une quinzaine de dé-
« putés de cette nuance, il en aurait fallu qua-
« rante à cinquante au moins, pour représen-
« ter environ un million et demi d'électeurs qui
« n'avaient pas voté pour le candidat officiel. »
Le système de Stuart Mill, qui parerait aux in-
convénients que l'on voit, est ainsi exposé par
M. Hervé : « Voici un collége électoral qui a
« 3 députés. Il compte 15,000 électeurs. Les
« électeurs sont divisés en deux partis, que
« nous appellerons, pour la commodité de
« notre hypothèse, les Guelfes et les Gibelins.
« 10,000 électeurs sont Guelfes, 5,000 électeurs
« sont Gibelins. Chaque électeur n'ayant que
« deux votes à émettre, chacun des deux partis
« concentre ses efforts sur deux candidats seu-
« lement, afin de ne pas s'éparpiller. Les deux
« candidats Guelfes obtiennent, par conséquent,
« environ 10,000 voix chacun, tandis que les
« deux candidats Gibelins obtiennent environ

« 5,000 voix chacun. Les voix se répartissant,
« par exemple, de la manière suivante :

1er candidat Guelfe....	10,000
2e candidat Guelfe....	9,500
1er candidat Gibelin...	5,000
2e candidat Gibelin...	4,500

« Les deux candidats Guelfes et le premier can-
« didat Gibelin sont nommés. » Chacune des
deux opinions, Guelfe ou Gibeline, autoritaire
ou libérale, reçoit une représentation propor-
tionnelle à son importance respective, et la
minorité n'a plus le droit de se plaindre, comme
aujourd'hui, de n'être plus admise dans les
conseils du pays. Mais, comme le remarque
M. Hervé, devenu critique de rapporteur qu'il
était d'abord, avec d'autres chiffres ce système
perdrait quelque chose de son exactitude rigou-
reuse, « il se formera des minorités de plus en
« plus petites, des minorités de minorités en
« quelque sorte. Faudra-t-il compliquer sans
« cesse la machine électorale, y multiplier les
« affinements et les subtilités?» Ces objections,
que l'on peut développer, sont marquées au
coin de la sagesse pratique. Elles nous sortent
du système de Stuart Mill, comme elles nous sor-

tiront aussi du système de M. de Girardin, et de tous les rêves d'une perfection représentative inatteignable. Mais la dernière théorie qu'il nous reste à discuter a grand air, comme on le verra, une simplicité heureuse et saisissante. C'est une de ces belles imaginations que l'on ne combat qu'avec peine, dont on s'éloigne avec regret, et que l'on salue également à l'arrivée et au départ.

Il s'agit de supprimer toutes les circonscriptions électorales, pour ne laisser subsister qu'un seul collége, la France, et faire nommer tous les députés par tous les électeurs. Le principe sur lequel repose cette combinaison nouvelle est incontestable. Les idées n'appartiennent en propre à aucun collége, et n'ont d'autre patrie que le monde. Le suffrage universel au lieu de l'unité matérielle qui lui est trop souvent imposée par l'agencement des circonscriptions électorales, aurait l'unité morale qui lui manque. Chacun, comme on l'a dit en vers et comme on peut le répéter en prose,

> Chacun est du climat de son intelligence,
> Je suis concitoyen de toute âme qui pense,
> La vérité c'est mon pays ;

et il y a moins loin du libéral de Marseille à celui de Strasbourg, d'Agen et de Paris, qu'il

n'y a près de porte à porte, quand les voisins
pensent différemment sur toutes les questions
importantes. Il s'agirait alors de relier les
votes par leurs affinités intimes, et de les additionner dans leur patrie morale. Je fais une
supposition, qui, je l'espère, ne se réalisera pas.
Enchantés de l'expédition du Mexique, de l'état
de nos finances, de la loi militaire, et d'avoir
travaillé pour le roi de Prusse, — je ne sais
d'où vient cette expression antérieure aux der-
niers événements d'Allemagne, — les électeurs
dans tous les colléges nomment les candidats
officiels qui leur ont fait ces loisirs, mais dans
chacun de ces colléges aussi les candidats libéraux qui soutiendraient une politique contraire
ne sont battus que d'une voix. Le système de
M. de Girardin aurait pour effet de recueillir
ces votes aujourd'hui sans efficacité et de leur
donner autant de représentants qu'ils contien-
nent de fois le nombre d'électeurs nécessaires
pour nommer un député dans un collége déter-
miné. Il n'y a rien là dedans qui choque la logique, bien au contraire; rien qui fausse en quoi
que ce soit le principe du suffrage universel.
Toutes les opinions sont alors représentées
puisque celle qui ne trouverait pas à réunir le
minimum de voix nécessaire à son expression

dans cet immense collége électoral, qui ne ga-
gnerait pas dans le Pas-de-Calais, dans l'Hé-
rault et dans la Vienne ce qui lui a manqué
dans la Bretagne et dans la Provence, serait
en réalité si infime qu'elle n'existerait pas
pour ainsi dire, et pourrait sans injustice
être négligée. Nous comprenons sans peine
que l'on soit séduit tout d'abord par un projet
de cette nature. Mais malgré l'autorité des
chiffres sur lesquels on s'appuie pour com-
battre les chiffres — créer une arithmétique
littéraire, n'est-ce pas un trait de génie qui
montre combien sont grandes les ressources
des gens de lettres quand on les pousse à bout,
— il y a dans ce système quelque chose de
trop grandiose et qui ne tombe pas assez sous
le sens. Il ne parle qu'à la raison. Les intérêts
sont mathématiquement représentés dans leurs
exigences abstraites, ils ne le sont plus dans
leur vie locale, et dans leurs exigences parti-
culières. Si, comme le remarque M. de Girardin pour écarter ce reproche, les intérêts,
de quelque nature qu'ils soient, agricoles ou
viticoles, industriels ou commerçants, économiques ou religieux, peuvent s'additionner dans
l'unité de collége, il n'en est pas moins vrai
que les agriculteurs et les industriels ont des

moyens plus efficaces de se faire entendre dans le milieu où ils existent en chair et en os, que dans le milieu théorique où ils n'existeraient plus qu'en idée. C'est faire violence à la nature des choses que de transformer ainsi les intérêts en chiffres, pour les délocaliser à ce point. Ils sont avant tout des choses corporelles soumises aux lois de l'espace et du temps, et qui ne voyagent pas avec une si grande simplicité. Pourquoi détruire aussi dans la commune, cette communauté de sentiments qui peut bien n'y exister qu'à demi, mais qui existera moins encore, si les intelligences au lieu de travailler l'une sur l'autre, se séparent à tire d'ailes pour courir le monde, et ne se réunir jamais que dans des espaces indéfinis? La pensée de la France serait en l'air, si l'on nous passe cette expression, et sa représentation insaisissable comme elle.

Des personnalités vagues qui, pour être dans la bouche de tout le monde, ne sont surveillées par personne, échappent au contrôle par l'étendue même du contrôle, réuniraient bientôt tous les suffrages, qui, ne sachant auquel se prendre, s'attacheraient à la première célébrité venue, de quelque nature qu'elle fût. Les électeurs aujourd'hui connaissent à peu près leurs manda-

taires, ou du moins ceux qui connaissent ceux
qui les connaissent, au premier, au second, au
troisième ou au quatrième degré, à travers
Pierre ou Paul, Jacques ou Simon; ils ne les ren-
contreraient plus qu'à travers les souvenirs de
leurs lectures, et dans une sorte de littérature
politique où l'originalité plus que le bon sens
est une chance de notoriété et par conséquent
de succès.

Une des premières conséquences du système
de M. de Girardin serait, comme on le voit, de
donner à la presse la direction souveraine, et
bientôt la représentation du pays tout entier, au
préjudice des situations acquises et des influen-
ces locales. Concentrée dans quelques journaux,
au lieu de se défendre par son morcellement,
qui fait aussi son ubiquité, l'opinion publique
ne se formerait plus que dans les imprimeries,
où le cautionnement, le timbre, les pénalités
que l'on sait, celles que l'on pourrait inventer
encore, ces coups de main qui s'appellent des
coups d'État, quand le succès les absout, vien-
draient l'entraver et la saisir. Elle y perdrait
ces stations intermédiaires, où dans les temps
difficiles, elle hiverne, et se conserve pour des
jours meilleurs. N'avons-nous pas appris par
une expérience longue déjà, que si la pensée

nationale ne vit que sur le papier, et n'est point descendue dans le sol où elle se particularise, et perd quelque chose, je le veux bien, de la perfection absolue, il suffit pour la déchirer de l'épée d'un soldat. La trop facile abdication entre les mains des philosophes, qui ne purent résister à la force matérielle, de tout le passé de la France, nous a fait dérailler une première fois, et les temps d'arrêt depuis ont plus que compensé la rapidité du premier élan. Confier aux journalistes seulement, la fortune publique, ce serait l'exposer aux mêmes retours, et retenir éternellement notre avenir dans le cercle que nous avons parcouru.

Il convient donc d'écarter ces différents systèmes, pour nous en tenir à celui qui nous régit aujourd'hui, et dont nous connaissons cependant les imperfections ; ceux d'Angleterre parce qu'ils sont trop laborieux et trop compliqués, et n'ont point ce caractère de simplicité auquel les inventions viables se reconnaissent tout d'abord, parce que leur vérité ne se découvre qu'à la réflexion, parce qu'ils n'ont point de valeur populaire, qu'ils ne seraient facilement acceptés que par ceux qui n'ont pas besoin de leur secours, et n'éveilleraient chez les autres qu'un sentiment de surprise et d'inquié-

tude. Il faut enfin écarter le dernier, le plus
rationnel et le plus dangereux, celui qui flatte
le goût que nous avons pour les procédés
simples, rapides et logiques, celui qui jetterait
une fois de plus la politique dans la littérature,
où elle se dépopularise, et se désarme. Si nous
avons été mis en danger par les [vérités litté-
raires, il est évident que seules, elles ne
suffisent pas à nous sauver. La nature de
leur impuissance et celle aussi de leur force
n'est-elle pas marquée par avance, en carac-
tères de feu, dans l'incendie de la bibliothèque
d'Alexandrie et dans le sort de ses habitants?
Elle contenait sur ses rayons toute la science
de l'Egypte et toute la sagesse des Mages; mais
elle n'inspirait une affection sincère qu'aux sa-
vants, qui sont en petit nombre d'abord, de
constitution chétive pour l'ordinaire, et mala-
droits à repousser d'autres attaques que celles
des idées. Un sultan s'émut cependant des
muettes protestations que ces livres contenaient
peut-être contre son autorité. Il en fit à tout
hasard construire un grand bûcher aux applau-
dissements des bourgeois d'Alexandrie, qui se
trouvèrent, tant que dura la destruction, mieux
éclairés qu'ils ne l'étaient la veille, et s'étonnè-
rent qu'un monarque, en une seule nuit, eût pro-

duit plus de lumière qu'ils n'en avaient jusqu'à-
lors répandu par la ville. Ces bourgeois apprirent bientôt... tout ce que leurs descendants,
dont la courte et vulgaire sagesse s'est perpétuée
parmi nous, apprirent à leur tour quand la con-
scription, le blocus continental, les impôts et
l'invasion, des montagnes de l'Espagne aux nei-
ges de la Russie, une plainte immense, où toutes
les langues se confondirent dans la langue uni-
verselle de la douleur, leur eut montré, que
même au point de vue des intérêts immédiats,
la liberté qui fait la grandeur morale des peuples fait aussi leur salut, et que ce n'est pas un
feu de joie que l'incendie d'une bibliothèque.
O Ménénius Agrippa, vous qui du haut de l'A-
ventin avez su par une fable réconcilier le peuple
et le sénat, vous qui dans les réunions du Pré-
aux-Clercs, du Vieux-Chêne et de la Redoute,
où les passions d'autrefois s'entrechoquent encore aujourd'hui avec la même fureur, nous se-
riez d'un si grand secours, par votre sagesse
agissante et pratique, quelle fable vous auriez
tirée de ces vérités, et quelles vérités seraient
sorties de vos fables, si notre histoire avait été
la vôtre, ou s'il vous était donné de ressusciter
parmi nous ! Comme vous sauriez réconcilier
encore les membres et l'estomac, le capital et

le travail, la théorie et la pratique, le suffrage universel et les capacités, et nous prouver aux uns comme aux autres, que le corps sans les yeux, et que les yeux sans le corps font les nations aveugles et impuissantes ; que la direction des classes éclairées soulève ceux qui l'acceptent, de la nuit où l'ignorance les retient ; que la nécessité de conquérir l'assentiment du plus grand nombre, sauve les penseurs de ces spéculations malheureuses, où la pensée s'irrite d'abord de sa solitude, puis s'enivre d'elle-même et faute d'avoir fécondé la matière, n'anime plus que des chimères, dangereuses pour tous, et pour ceux-là même qui les ont fait naître !

Il dirait aux capacités par exemple :

Vous avez fait la Révolution de février, pour arriver à la possession du droit de suffrage, par une ambition plus noble encore, celle de l'étendre à la généralité des citoyens. Votre triomphe vous a coûté cher. Plus impénétrables que les rangs des censitaires — ils vous écoutaient du moins, ils achetaient vos ouvrages, ils subissaient parfois votre influence — vous n'avez pu pénétrer encore par la parole et par le livre, les vagues profondes de cet Océan sans limite, où la discussion se perd dans un murmure indifférent et confus. Votre désir de réparer par une seconde victoire les conséquences de la première est aussi naturel que légitime, mais évitez de demander à des combinaisons multiples et inattendues un succès qui ne peut s'obtenir que par la simplicité évidente du remède. Ne proposez pas à l'ignorance qui vous surveille avec une curiosité inquiète, les combinaisons d'une arithmétique savante et raffinée, ni des vérités de cabinet qui ne commandent pas l'attention, qui surprennent et déconcertent, plutôt qu'elles n'éclairent, et découvertes au lendemain d'un échec font soupçonner chez les vaincus l'arrière-espérance de réparer par un tour d'adresse, ce qu'un tour de force leur enlève, de donner aux chiffres de l'esprit parce qu'on ne peut leur donner du nombre, et de doubler leur valeur, par une sorte d'agilité. Évitez à tout prix les espérances de ce genre. Ne cherchez ni si elles sont justes, ni si elles sont logiques. A quoi serviraient ces qualités si ce n'est à vous aveugler sur leur mérite en vous empêchant de sentir combien elles sont impopulaires, et quelles inquiétudes elles soulèveraient par un faux air de privilége. Ne demandez — comme vous l'avez fait jusqu'à présent — que des droits qui soient, d'une ma-

nière incontestable la conquête de tout le monde,
et dans lesquels vous retrouverez, si vous l'avez
en réalité, les priviléges du talent : l'entière liberté de la parole et de la presse. Payez ensuite,
comme il convient de le faire, payez au public
la rançon de cette supériorité naturelle, en
l'élevant à la communion de vos idées ; et si,
comme le dit M. Hervé avec un mélange
d'anxiété douloureuse et de stoïque résigna-
tion : « Si vous ne conquérez pas le suffrage
« universel à vos idées, ce sera ou la faute de
« vos idées, ou celle du suffrage universel, ce
« ne sera pas la vôtre. Vous aurez fait votre
« devoir, tout votre devoir, rien que votre de-
« voir. »

Il s'adresserait ensuite au suffrage universel
pour lui montrer comment les idées abstraites,
qui semblent d'abord la propriété exclusive de
quelques esprits, et l'embellissement de leurs
loisirs, conquises au prix d'un labeur incessant
par ceux qui les possèdent, ne demandent, au
contraire, qu'à se répandre avec une libéralité
généreuse, et servent en définitive au bien-être
de tous ; comment, chez les nations anciennes,
l'esclavage qui survécut à la révolte de l'esclave,
ne succomba que sous l'indignation du philo-
sophe et sous la doctrine du Christ ; comment

les inégalités de l'ancien régime ne devinrent
apparentes que sous la plume des écrivains,
et ne disparurent qu'après la condamnation
qu'ils eurent prononcée, quoique sans crédit et
sans richesse, dans la méditation du cabinet;
comment les armées permanentes, la guerre,
cette expropriation de l'homme pour la mort,
sans consentement de sa part, sans intelligence
de la cause à laquelle on le sacrifie, sans préa-
lable indemnité comme celle que l'on donne
quand, au lieu de prendre neuf arpents de terre,
on prend neuf années de vie; comment toutes
ces injustices ne deviennent criantes, toutes ces
plaintes ne deviennent efficaces, que dans la
liberté du penseur, qui fait la liberté du tra-
vailleur; comment, par une solidarité merveil-
leuse, par un admirable concert de tous les intérêts, il n'est pas de droit si lointain que l'hu-
manité puisse négliger, ni ceux qui sont en bas,
ni ceux qui sont en haut. — Une pierre lancée
dans l'Océan agit, comme on l'a dit, sur toutes
les vagues, et se retrouve pour quelque chose
dans le mouvement général. Une seule injustice trouble de même l'économie sociale tout
entière. — La fraternité devient ainsi le plus
sûr rempart de l'intérêt personnel, l'égalité,
quand elle n'est ni l'injustice ni l'envie, veille
avec sollicitude à la défense des supériorités

naturelles, qni sont à leur tour les gardiennes de l'égalité. Cette harmonie des astres que rêvait Pythagore, que Képler a scientifiquement démontrée, que signalait Bastiat dans le monde des intérêts lorsqu'il mettait en tête de ses œuvres : « *Harmonies économiques*, » se retrouve à plus forte raison dans le monde moral, et la sagesse divine a voulu que le bonheur des hommes, comme la vertu, ne pût se trouver que dans leurs fraternels efforts pour se communiquer les uns aux autres la vérité qu'ils entrevoient.

C'est par ces considérations surtout que le droit de suffrage se justifie contre toutes les objections et celles même de la justice absolue, qui voudrait une équation rigoureusement exacte entre l'intelligence politique et la puissance publique. Après avoir été d'abord une satisfaction d'amour-propre, il devient une garantie d'instruction populaire et de développement moral. Il impose à ceux qu'on désignait en 1848 sous le nom de capacités, la nécessité de nouveaux efforts qui doivent, en leur rendant une influence légitime, profiter à la nation tout entière et donner au pouvoir qu'elle s'enorgueillit de posséder, jusqu'à n'en pas faire usage, — sans doute de peur de l'user, — sa raison d'être et ses conséquences pratiques. Le droit de suffrage, qui dans les idées de quelques-uns devait avoir pour préface une sorte d'éducation populaire, a mis cette éducation dans l'exercice du droit lui-même. Si ce fut une faute au point de vue de la raison pure, ce fut une de ces fautes généreuses comme la France aime à les commettre, qui portent en elles-mêmes leur excuse, et leur glorification dans les conquêtes nouvelles, qu'elles commandent à ceux qui les osent. Elle place les classes éclairées dans la nécessité de communiquer leurs lumières avec une sorte de hâte, elle complète les conseils de la justice antique : *Neminem prohibere ab aqua profluente, pati ab igne ignem capere* ; par les conseils d'un libéralisme plus actif. C'est dans cet effort commun que les théories prendront corps et contracteront sur le sol la force et la modération qui leur manque, en même temps que la nation s'affranchira dans l'intelligence de ses intérêts. La liberté fera ce miracle de laisser à l'égalité tous ses droits, de les augmenter même, et de reconstituer cependant dans son sein les inégalités que n'a point créées la volonté arbitraire du législateur, mais la nature elle-même, et l'assentiment général.

Nous avons remarqué, après bien d'autres, que l'esprit philosophique et l'esprit militaire avaient entraîné chez nous, par leurs succès alternatifs, la vie nationale au-delà et en dehors de ses développements réguliers. Avec le suffrage universel, le peuple entre en scène. Qu'il donne à nos destinées cette direction continue, que nos élans vers l'avenir et nos retours vers le passé ont compromise si souvent ! Les minorités auraient plus à perdre qu'à gagner, en cherchant leur représentation, dans des combinaisons artificielles. Qu'elles sachent attendre, et regardent, pour prendre patience, une de ces cartes de France où les départements sont marqués par des couleurs plus ou moins claires et foncées, selon que l'instruction y est plus ou moins répandue. C'est là que la vie nationale a pris conscience d'elle-même, que s'établit le libéralisme pratique, et que les minorités obtiennent déjà leur représentation. Sans doute on n'y trouverait pas, classées dans un ordre régulier et rationnel, comme la bibliothèque d'Alexandrie pouvait le présenter dans ses catalogues, toutes les doctrines de l'école, mais le désordre même en pareille matière fait la sécurité et la durée ; il les garde à l'abri des coups de main et de l'incendie, mêlées aux habitudes de chaque jour, à l'âme et à la vie des citoyens.

V. DE LANGSDORFF, avocat.

PARIS. — IMP. DE L. TOLMER-DAVY, RUE DU BAC, 30.